ESTE AMOR DE NOSOTROS

Soledad Sánchez Mulas

COLECCIÓN ITES

ESTE AMOR DE NOSOTROS

© Soledad Sánchez Mulas
© Prólogo: Asunción Escribano
© de esta edición: Olé Libros, 2025

ISBN: 979-13-87620-37-0
Depósito legal: V-2227-2025
Impreso en España

KALOSINI, S. L.
Grupo editorial olélibros
equipo@olelibros.com
www.olelibros.com

A ti debido,
José,
por conformar este nosotros

A Míriam e Irene,
necesarias lucernas

A Marcos y Saúl,
lo maravilloso

Cuerpo feliz que fluye entre mis manos,
rostro amado, donde contemplo el mundo...
VICENTE ALEIXANDRE

... este amor ya sin mí te amará siempre.
ÁNGEL GONZÁLEZ

PRÓLOGO

ESTE AMOR DE NOSOTROS
DE SOLEDAD SÁNCHEZ MULAS:
POESÍA RESERVA EN BARRICA DEL MEJOR ROBLE

Al describir los usos de la preposición *de*, afirma la *Gramática* de la Real Academia Española que «el complemento introducido por *de* puede interpretarse como agente», y es esa opción por la preposición y el consiguiente alejamiento del posesivo (*nuestro*) lo que define la idea fundamental de este poemario, sobre la que ahondaremos en los siguientes párrafos.

Ese elemento característico es el que otorga verdad a la autora al sostener, a lo largo de estos poemas, el canto de un amor que se define por estar —y ser— construido entre —y no poseído por— dos. Precisamente, dos son los versos de los que toma el título esta obra (*Este amor de nosotros*); dos versos compuestos por las mismas palabras, reiteración inusual en poemas diferentes que, sin embargo, insiste en señalar como no casual la estructura del sintagma. Como tampoco es casual, en este caso, la coincidencia de uno de ellos con el verso que cierra, al tiempo que lo nombra, el poemario.

Este amor de nosotros puede enorgullecerse, además, de estar engalanado con méritos y saberes a los que son ajenas, por razones obvias, no pocas óperas primas. Asistimos al despliegue de una técnica sólida, aprendida verso a verso, que ha permitido cocinar a fuego lento una poesía seria, solemne, fuerte y densa, como la mujer que la escribe, y en cuyo contacto

9

ambas parecen haber ido gestando, mutuamente, sus respectivos caracteres. Sin prisa, como quien sabe que la poesía no es solo para compartirla, sino, sobre todo, para encendernos el interior. La poesía como *ginseng* que aporta lo que hace falta para seguir adelante, como piedra angular, como viga maestra sobre la que toda la vida se sostiene, especialmente en los peores momentos.

El poema inicial expone ya la idea vertebradora del amor sobre la que se construye el libro. En él se deja sentir también su autora, que irrumpe en versos bellos y buenos, con toda la fuerza de su poesía sincera. Lo hace, a su vez, con palabras clave como *gineceo*, *libros*, *silencio*..., cuyas ondas y eco se extenderán a lo largo de todo el poemario. Se trata de un amor elegido en igualdad, un amor que es símbolo consciente de la mitad de la que uno está conformado, en clara evocación a la libertad defendida por Cernuda cuando escribía aquellos dos versos tan hermosos como plenos de amor y fuego: «Libertad no conozco sino la libertad de estar preso en alguien / cuyo nombre no puedo oír sin escalofrío». No otra cosa evoca Soledad Sánchez Mulas cuando escribe: «esta cesión de mí / se produce en tu esencia / que me completa // que me otorga la libertad / de ser / única en ti / única en el mundo».

Avanzada la lectura hallarán los lectores que los votos de este primer poema se renuevan en otros, por ejemplo: «en cada viaje se dilata el significado / de nosotros», se nos dice. Y viaje no es aquí espacio, sino tiempo y sus vicisitudes. Porque, a lo largo de todo *Este amor de nosotros*, siente la voz lírica un amor puro, más allá del tiempo y del espacio; más allá, también, de la persona amada, podría pensarse: «entregarme a ti / no se corresponde con tu género / ni con tu sexo / ambos pudieron ser otros». Y es que, sin duda alguna, ahí radica lo incondicional del querer apasionado del que es testimonio este hermosísimo libro.

En este sentido, y desde la misma perspectiva, el lector asiste a la exposición de una historia de amor que va más allá; que hace —podría decirse— de los dos seres amantes entidades de una especie civilizada. Como si todo amor humano fuese resto dividido, tal y como señaló Platón, luz o estela del primigenio amor divino del creador por su obra. También el final del libro apuntará hacia la trascendencia. Al fin y al cabo, el amor verdadero es uno solo, aunque múltiples se muestren sus versiones. Y, muy concretamente, aquí nos hallamos ante un amor cómplice entre cuyas características se hallan las que siguen: se trata de un amor cuyo significado reside en ser asumido como propio, dicho de otro modo, en «su acepción / en nuestro glosario»; es asimismo un amor libre («alma elegida / de todas mis aspiraciones»); compatible con lo intelectual («viniste estridente / a mi oquedad de silencio / y libros»); un amor delicado («en la sencillez / de un paseo en tus manos»); consciente de la fuerza de lo construido («atamos allí / un hilo poderoso / en lo menudo») y, por ello mismo, de «la seguridad del siempre»; conocedor del valor y la importancia del detalle («y cada nudo cuenta / en la delicadeza de nuestro tapiz») y sabedor, también, y en definitiva, de lo inútil de la batalla, que solo arroja «la pobreza / de un vencedor / y un vencido».

La obra, formalmente, se erige, sobre todo, a partir de versos de arte menor, con abundancia del encabalgamiento de carácter emocional, que expresa la intensidad y la acumulación del amor, que en ocasiones no es sino provocado por la partición de los versos. La voz lírica encuentra en la anáfora una ley no escrita por la que regirse, que insiste y reitera para que el lector pueda acercarse a lo que siente, mas también esa insistencia afectiva es vital necesidad de ese propio sujeto lírico. Así, por ejemplo, en «Dices que quisieras entender mis poemas», la enumeración de sinónimos incrementa el sentido del mensaje amoroso, con un llamativo y contundente encadenamiento de *infinitivos de posesión*, y en ascensión vertiginosa hacia una de las más hermosas metáforas del amor que yo he leído, y cuyos ecos del Siglo de Oro incrementan la belleza que se le comunica al lector: «entenderme / ¿qué es / sino saberme cada instante / degustarme / atraerme / llevarme / vivirme / darme / congraciarme conmigo / y arrancar de mí las malas hierbas?». ¡Qué hermosa imagen la de arrancar las malas hierbas en los afectos cercanos! Cuidar el amor como se cuida un jardín, apartar lo malo para que crezca fuerte lo bueno, lo útil, lo hermoso. ¡Cuánto dice de sí misma y de su concepción de la vida la poeta con este modo de entender y de comunicar los sentimientos!

También la reiteración muestra la otra cara de eros, menos hermosa tal vez, aunque necesaria también: la del «aunque». *Aunque*, que precisamente es la batuta que otorga el ritmo a un poema como «Las noches del amor nos salvan», en el que la ausencia o el miedo contribuyen a edificar la relación amorosa. Porque, al fin y al cabo, lo que muestra, entre otras muchas cosas, este poemario bellísimo de Soledad Sánchez Mulas es que el verdadero amor, como ya sabían los griegos, no es *eros* solamente, sino que también es *filia y ágape*. Dicho de otro modo: sexo, amistad y conexión espiritual en ese delicioso revoltijo de sentimientos que llamamos Amor.

Que estemos leyendo, por otra parte, una escritura minimalista en cuanto a la puntuación contribuye, además, a que el lector se implique y tome las riendas del monólogo de la voz lírica, fácil de interpretar porque se muestra diáfana y alejada de ambigüedades formales o semánticas. Es otra muestra de la sincera desnudez con que la poeta ofrece sus sentimientos. Dice lo que quiere decir, y la voz del poema y la de la poeta coinciden, sin que la forma en que fluyen las ideas eche de menos la coma o el punto, puesto que los lectores tienen claras las claves para interpretar con acierto las cesuras.

Es más, a lomos de un casi continuo encabalgamiento al que ya se ha aludido, y dejándose caer por el tobogán de versos de arte menor, el ritmo del poema, profundamente musical, conduce al lector hasta el final sin que apenas lo perciba.

Precisamente hablamos de un amor, por otra parte, que, como el propio poemario, fluye, y queda como testigo de ello el agua y su importancia en varios de los textos, una imagen de pureza que le permite a la autora construir notabilísimas metáforas, por ejemplo: «aventurar el alma de un dique / la fuerza de una presa / es también amarnos / en lo raro». Habla el sujeto lírico (quizás a estas alturas debamos ya decir la autora) de un amor ilimitado. Se diría que lleva años amando y pensando sobre ello. O, como dijera Rilke, madurando «como el árbol, que no fuerza su savia y se enfrenta valeroso a las tormentas».

Las imágenes de la poesía de Soledad Sánchez Mulas, y de ahí otra de las riquezas patentes en *Este amor de nosotros*, proceden de los más distintos ámbitos: el religioso y hasta bíblico («nos unge / con el óleo de la certeza / de sabernos uno» o «gozamos de la gracia / nos sabemos ungidos» o «porque cada célula / es un arca que ha preservado / todo lo que somos / de los naufragios cotidianos»); el geográfico («ríes sin fórmulas / sin conciencia de tu envergadura / ese acto sutil / inadvertido / es siempre oasis en mi travesía» o «solo yo observo / cómo la pérdida circunda / la isla de nosotros» o «tú y yo / somos de tierra seca y dura / amamos el amarillo / de la piedra y el grano» o «nos expatriamos del continente / amado»); el de la zoología («y aviento el miedo / entre mis pájaros húmedos / entre tus jaguares / que rugen en la noche»); el lingüístico («nos conjugamos en otro paisaje» o «sino por su acepción / en nuestro glosario»); el de la biología («fui / nada y semilla / aventada / por los divinos dedos / para que tú me crezcas» o «nada guardo en la corola / de esta flor / que cortas con el frío

13

/ del alba); por supuesto, también el bélico (si conocieras la destrucción / profunda / que provocan / esos mínimos combates» o «me fortalezco en cada duelo / cuando el oponente me mira / a los ojos»); o incluso el del lenguaje de la arquitectura militar («somos aún fortaleza / con gloria» o «que habitaron nuestra fortaleza / no exenta de peligros / ni de puertas abiertas a la sombra» o «si supieras cómo caen / todas mis paredes»). Uno lee deliciosamente de corrido el poemario y pareciera que la ingente sabiduría acumulada en esa multitud de campos de conocimiento se hubiera volcado en aquello que siente la voz de *Este amor de nosotros*, agrandándola y dotándola de una fuerza y un sabor poderosos, como elevando su graduación si de un licor se tratase.

Pero, más allá de saber o no del amor, acaso no exista mayor confianza en su importancia que la planteada en esa pregunta —retórica, paradójica— que se hace la autora casi al final del poemario, al cuestionarse si «¿solo la muerte delimita / esta inmensidad que nos une?». La hermosa y sencilla respuesta se manifiesta realizada en los versos finales de este libro: «nada temeré a pesar de la sombra / que la soledad ciñe / en torno a nuestros cuerpos / ya en declive // me basta levantar la cabeza / mirar / donde los árboles se apiadan / y permiten un círculo de cielo / para que respire / y escape a lo más alto / este amor de nosotros». Pocas veces la autora ha utilizado mejor la aguja del endecasílabo para enhebrar sus palabras y sentimientos, pero cuando lo hace muestra nuevamente la poesía que la constituye, como manera verbal de respiración y de vida plena. Quien es capaz de evocar así a los grandes poetas y mostrar, igualmente, una poesía propia y distinta, no solo ha aprendido del pasado, sino que ha contraído la deuda que obliga a dejar al futuro algo a cambio.

A principios del siglo pasado Rainer Maria Rilke señaló al joven Kappus algo de lo que Soledad Sánchez Mulas —*Este amor de nosotros* es prueba de ello— ha demostrado ser consciente: lo importante que es la paciencia para el poeta (entendiendo, claro está, la poesía como arte). Ser artista era, para Rilke, «no calcular ni contar; madurar como el árbol, que no fuerza su savia y se enfrenta valeroso a las tormentas primaverales, sin miedo a que pueda no llegar el verano. Y sí que llega. Pero solo les llega a los pacientes, que están ahí como si ante ellos se encontrase la eternidad, tan despreocupadamente inmóvil y lejana». Y concluía confesando el Maestro: «Yo lo aprendo a diario, lo aprendo entre dolores a los que estoy agradecido: ¡la *paciencia* lo es todo!».

Soledad Sánchez Mulas es paciente, y el fruto de su paciencia es un poemario coherente, lleno de viveza, intensidad, luz y experiencia, que nombra y ensalza los sentimientos buenos y los dice profunda y hermosísimamente bien. Si la poesía siguiera los procesos de crianza de los vinos, *Este amor de nosotros* sería un reserva cuyos versos han ido madurando y cogiendo cuerpo en barricas del mejor roble. Un poemario verdadero, luminoso y esperanzado que honra a la poesía y a quien la ama.

ASUNCIÓN ESCRIBANO

amarte de este modo
no me resta entidad

pertenezco al gineceo
de la equidad luchada
en los silencios

de las armas sutiles
complejas
traficadas en la negociación
con los antecesores

gineceo
amparado en los libros

en el hambre
de animales salvajes
que se domestican
con la fuerza del hogar

entregarme a ti
no se corresponde con tu género
ni con tu sexo
ambos pudieron ser otros
solo herramientas
para construir lo habitable

esta cesión de mí
se produce en tu esencia
que me completa

que me otorga la libertad
de ser
única en ti
única en el mundo

la lentitud del ascenso
del amor
se mide en el tacto de los dedos
en la mirada
que abre al mundo
lo desconocido del otro
en el orgullo
que alimenta la luz
al descubrir
lo que nadie ve

el amor brota respetuoso
entre nuestros cuerpos
nos lava de estigmas
nos ofrece desnudos
soñados
ciñe el nosotros
a un novísimo universo

y es fácil elegir
lentamente
la imagen ideal

hacerla dios en nuestro altar
del día

llegaste en la precisa conjunción
núbil
al tintineo de un café eterno
que te bautizaría
alma elegida
de todas mis aspiraciones

viniste estridente
a mi oquedad de silencio
y libros
sin encajar en la definición
de la aventura
ni de la exactitud
ni del milagro

pero fue tu perfil
confín de príncipe
quizás impreso en mí
desde que existo
el que me habló en la sencillez
de un paseo en tus manos

atamos allí
un hilo poderoso
en lo menudo
en el aire gris y cálido
de la tarde
poblado de palabras
sin peso

ya abriéndonos
nosotros
al calor de un verano único

amo
que esté destinada
a ser tu espejo
y a atravesarlo
sin dolerme
ni encontrar escombros

que las cosas más sencillas nos nombren
y fundemos el día
y la noche
en la seguridad del siempre

que nos sintamos continentes
islas
vientos
cauces de agua razonable
salinas
feraces tierras
sustentos necesarios
para la vida

que sepamos que es inamovible
este ser sombra
juntos
y sol de mediodía

nos dimos en la carne
eligiendo el momento
puro
una ceremonia que nos recordase
que lo anterior
era el principio
y que ese hito
por siempre inscrito
en la limpieza del aire
no iba a ser valioso
por su resolución
sino por su acepción
en nuestro glosario

¿cómo sabíamos
que la asunción carnal de nosotros
solo constituía un punto más
en la escritura de esta crónica?

fue nuestra estrella
beso de mitades
nudo
sin robo
sin pérdidas

los cuerpos también dijeron
que había camino
que era bello
aquel contacto tibio y doloroso
de la primera vez

tú y yo nos dimos
en la carne
en lo previsible
seguros ya
de nuestra perpetua compañía

te observo bajo la crudeza
de este sol
y no concibo el antes desprovisto
de lo que conformamos

eres en mí

ocupas tu lugar
en todos los ángulos de mi anatomía

veo brillar tu piel
admiro genuinamente cómo late
tu corazón
en su significado más profundo

no creo
aún
no puedo creer
que no desees
elegir otro espacio

porque mi cuerpo es pequeño ahora
me cabes apenas
me llenas tanto
que temo destruirnos

¿y quién nos rescataría si tú partes?

dices que quisieras entender mis poemas
y esa parte tan íntima
que me derrota y sana
que te contiene tantas veces
se asombra
ante esta impropiedad

entenderme
¿qué es
sino saberme cada instante
degustarme
atraerme
llevarme
vivirme
darme
congraciarme conmigo
y arrancar de mí las malas hierbas?

esos poemas
que anidan en tu lengua
son mis exabruptos
por tus ausencias

son miedo sin raíces
que alimento
cuando no me miras

las noches del amor nos salvan
aunque no haya incendios
porque nos envolvemos
en el hogar
y las pieles constituyen
otro territorio
absolutamente propio
y original
aunque repitamos una y otra vez
los mismos gestos
los mismos impulsos

aunque nos sepamos
enteramente
para no perdernos
en el itinerario
hacia los años menos claros
que restan

las noches del amor nos cobijan
aunque no haya tormentas

nos esculpen
desde un barro humilde
porque nuestras pretensiones
son solo querernos
sin metrallas
ni revoluciones

nos hemos ofrecido el uno al otro
con la espalda cargada de verdades
en la luz
y en el dorso
del tiempo

aliados los dos
después de la indigencia del día

satisfechos
con los dones intangibles
que solo nosotros apreciamos
a pesar de las cruces

porque sabemos
que las noches del amor
siempre nos salvan

nadie da un hijo a otro
como un pájaro enjaulado
o como un préstamo

te sentía fuerte y mudaste en otro
porque ya el amor
era más
era derroche
en noches sonámbulas
y días de sobresaltos

legitimamos ambos
dos seres de sustancia hermosa
dos lucernas que alentaron
sobre nuestras cabezas
para siempre
que habitaron nuestra fortaleza
no exenta de peligros
ni de puertas abiertas a la sombra

yo te di el cántaro

entera
te pedí el eco y el agua
en estricta igualdad
para llenarlo
y poder sentirte en las huidas
aun sabiendo el dolor
y la torpeza

amé
y me dolió el eco
necesario en la renovación
con su vacío

yo te di el cántaro
y dejé que
poco a poco
tu agua
manara limpiamente
y bautizara los pies descalzos
de nuestras dos divinidades

las concebimos
pobladas de nosotros
de nuestra arquitectura
pero libres
generosas
abastecidas
de las herramientas suficientes
para construir
sus propios baluartes

ellas
transmutan vida en vida

portan nuestro estigma
en su propio universo

no nos las entregamos
como presos
ni como mercancías

las amamos al mundo

cuando somos dos resistencias
alanceamos la falsa piedra
del otro
nos aturdimos
con el estruendo
del metal

si supieras cómo caen
todas mis paredes
cómo se ablandan mis entrañas
hasta pesar en lo hondo
de mi cuerpo

si conocieras la destrucción
profunda
que provocan
esos mínimos combates

olvidamos que lo externo
la intendencia de lo por vivir
es un arte
mundano
que se aprende con la valoración
de lo que importa
verdaderamente

ser resistencia
es mostrar una pétrea máscara
que nos oculta

no tiene más valor
que doler el momento
pero otorga siempre
la pobreza
de un vencedor
y un vencido

hallamos en el mar el consejo
de lo perdurable

lo absorbemos
con su vértigo de vivencias
con su regreso periódico
a nuestra historia

tú y yo
somos de tierra seca y dura
amamos el amarillo
de la piedra y el grano

pero el azul
vuelve henchido y poderoso
para apabullarnos con su garganta

                                        y su gemido

se ha vuelto más potente
con la edad
de todas las pérdidas
de todas las memorias
sucedidas

lo anunciamos con estupor
reconocemos en su magnitud
todo lo que nos falta por ser
y lo que ya hemos sido

nos concede la playa
puntual
dimensión de cortesía
donde reposar nuestros osarios
junto a alguna concha
o canto
que ya son
como nosotros ante él
vestigios de vida

sentirte entonces
piel renovada
bajo los finos granos
de la arena caliente
alimenta mi esperanza
del próximo regreso

colma mi sed
con tu dulce agua

¿qué fui antes de ti?

cuerpo difuso
en la secreta fluencia
de las palabras
ignorado en el estrépito
de lo real

caminante ciego
amparado por la incertidumbre
de la mitad perfecta

es tanto el amor
que ha subsumido los vestigios
de mi unicidad
en la verdad más pura

fui
nada y semilla
aventada
por los divinos dedos
para que tú me crezcas

mi espalda es transparente
te muestra
el simple atributo
de mi haz

nada hay soterrado
en lo más íntimo

nada guardo en la corola
de esta flor
que cortas con el frío
del alba

soy gota pura

mitigar tu sed
con la sencillez
de esta oblación
es el secreto
que te oculto
y nos nombra

qué simple es decir que nos queremos
cuando en la noche
pastoreas mi miedo
y me ofreces
la luz derramada
en vivos prados
de nuevos y seguros días

cuando me miras
con el conocimiento más profundo
y no es necesario
doblegar ni rendirse
para avanzar
por lo intrincado
pues son tus manos
faro y epítome

cuando el dolor me ciega
sobre el pretil
del antiguo mirador
bajo los fuegos de artificio
y me basta el arco de tu espalda
bálsamo siempre
para entender
que lo cargamos juntos
menguando su sustancia

inmenso consuelo
si en nuestras avenidas
desqueremos lo propio
para transitar en uno

pues no es posible
acomodar los pasos
si el destino no es único

si no es uno
el nudo compromiso

tu afición por el agua
dice de ti la fluencia
tu origen

acompaño tu contemplación
el recorrido ávido de tu mirada
sobre lo manso
o sobre la cascada

defino los peces que se ocultan
lo submarino que te nombra
que señala estos instantes
líquidos
que nos pertenecen
que son inventario también
de esto que hemos construido

visitar embalses
o lechos de ríos
aventurar el alma de un dique
la fuerza de una presa
es también amarnos
en lo raro
mientras tú alimentas
una sed primigenia

esta agua que acopias
dice de ti la transparencia
la abundancia ineludible

fluye en nuestro ámbito
como testigo
de tu limpia y generosa
naturaleza

nunca tuve miedo de la desnudez
me abracé
me quise primero
en mis sumisas imperfecciones

acepté mi entidad
como la tuya
amada
deseada
esa solo
no otra

nuestro cuerpo es vehículo tibio
de nuestras posesiones
de nuestro aliento

lo enredamos en las noches de amor
desdibujando sus límites

nos deslumbramos
desnudos
porque cada célula
es un arca que ha preservado
todo lo que somos
de los naufragios cotidianos

el canon de belleza no nos juzga
tú y yo
somos capaces de admirarnos
bajo la luz más cruda

la belleza del refugio
es su cualidad
aislante
que nos dota
de novísima identidad
y nos desaparece
de lo duro y doloso

nos unge
con la certeza
de sabernos uno
poderosos ante lo que permanece
externo y punzante
eterno y dañino

nuestro refugio se ubica
donde depositamos nuestra
esperanza
donde crecen nuestros brazos
abiertos
donde nuestros labios se abren
para la acidez
para el mordisco
para el beso
para reiterar la fuerza
que ata esta complicidad

refugio niño
temerario
e ingenuo

pervivo en el dolor y los escollos
soy externa
hábil constructo
útil para la ciudadanía

absorbo noticias
del entorno
me aflijo en la execración
aúno afanes
en solidaridad y cuidados
emprendo
resuelta
el ascenso en solitario
de cada día
con el impulso de lo distribuido
equitativamente

te pienso

mis manos son débiles
en su cruzada contra lo incomprensible

añoro la embriaguez
de nuestro cálido refugio

pero

me fortalezco en cada duelo
cuando el oponente me mira
a los ojos
y percibe
que no batallo sola

las pequeñas cosas que se congregan
en nosotros
aportan su cualidad de amalgama
para lo más grande

tienen el valor de lo insignificante
que cierra los huecos
por los que se filtran las corrientes
heladas

amamos estas diminutas ofrendas

como la paciencia
que acompaña algunas decisiones

la mirada nueva
en el arrobo de lo reconocible

la piel
simplemente
desprovista de cualquier ansia
cuando el dolor hiere

el dulce reconocimiento
del orden

los pactos sosegados
o el exacto gusto del café

nada es desdeñable
en lo largo de cada día
o en la melodía de la noche

la excepcionalidad de las hazañas
da valor
a cada mínimo gesto

y cada nudo cuenta
en la delicadeza de nuestro tapiz

en cada viaje se dilata el significado
de nosotros
el conocimiento de la inquietud
la perspectiva del avance
de nuestro recorrido
de nuestra alianza

nos expatriamos del continente
amado
partimos con expectativas
ante aquello que acordamos nombrar
abrimos
un nuevo ámbito
que contendrá memoria
de nuestros seres precisos
en aquel ahora

nos conjugamos en otro paisaje
sentimos su impacto
lo asimilamos en la complicidad
de nuestros abrazos
y somos allí diferentes
únicos por siempre

a veces regresamos
para constatar
que cada nosotros
imprime nuevas huellas

que cada espacio nos alimenta
en el beso recordado
y en el juicio de su cualidad

las horas de nuestros silencios
se pueblan
con todo lo querido

discurren mansas
absortas en la certidumbre
de la confinidad
del amor más puro

las bocas descansan
dejan que fluya el tiempo
cómplices
con la bonanza

solo rompen el tácito reposo
para el beso

el destino de tu risa
no importa
su estela me sacia

es el perfume de los días claros
del círculo seguro
de la novedad presentida
asumida como obsequio

colma mi espacio
en su tierna brevedad
se expande en su misterio

la causa de tu risa
no me incumbe
solo su sonido

pues me sostiene

me es fácil robar su abrazo
confortarme
en ella

unos segundos
apenas
una música exenta

ríes sin fórmulas
sin conciencia de tu envergadura

ese acto sutil
inadvertido
es siempre oasis en mi travesía

esta calma de las manos enlazadas
ratifica lo comprometido
entre los adoquines y el cemento

transitamos la historia
respiramos la quietud
de la piedra amarilla
y sus encajes

como la hiedra

recreamos la vivencia de la ciudad
sondeamos sus espacios
con la finura de este amor

hacemos nuestro
el rincón húmedo del huerto
el mirador abrigado
la sombra inquieta
de la bandada de pájaros

los cielos y sus metamorfosis
atestiguan
nuestro renuevo
sobre el que la pasión
crece y se amansa

los dedos fortalecen el itinerario
se atan en la recolección
y el destino de nosotros
es gozar los frutos
sabrosos y agrestes
que no se comercian

nos sostienen los muros
que conocen nuestra complicidad

el sosiego
de nuestras manos engarzadas
es la consistencia
de nuestra vegetal
estructura
en el pacto de lo eterno

la casa se acomoda a la pérdida de algarabía
al silencio reposado
de las ciudades
que han ganado la guerra
que esperan la reconstrucción
que lloran las pérdidas humanas

inspeccionamos los rincones
valuamos sus huellas
pactamos con la ausencia

nuestras hijas y sus voces
han mudado a lo extraño

tú y yo
sostenemos la desgajadura

estrechamos
nuestros núcleos

aprehendemos el fin de un ciclo

nos hacemos fuertes
en la soledad
del resurgimiento

el camino de tu infancia
se despobló de padre

anidó en ti otro referente
madre nutricia
a la que acompañabas
en soledades y traslados
hasta constituirte en pilar
de un gineceo cerrado
receloso del mundo

este amor de nosotros
abrió en tu dimensión
la bienvenida
a otro padre
único y ordinario
mío y de mi ámbito
al que tú dotaste de facetas
y milagros

nuestra historia acompaña
este préstamo humano
en el que tu apego
a lo que me nombra
acrecentó
el caudal que fluye entre nosotros

otra forma de amarme fue aceptar
mi herencia
sus imperfecciones
sus castigos
sus exigencias

hacerla tuya
con la sencillez de lo comprometido

asomarse al amor
anticipa el miedo ante la pérdida

miro tus manos
que son el fondo de mis lienzos
y ante la duda de su permanencia
descubro

mis riquezas

paisajes sosegados
en los que la lluvia
no es signo de ofensa
ni tristeza
sino limpio hilván
que asegura mi esencia
a la savia
de nuestra espesura

y tu presencia
es roca segura de pertenecer
al justo lugar
inamovible
en el núcleo de la afección

solo yo observo
cómo la pérdida circunda
la isla de nosotros
y aviento el miedo
entre mis pájaros húmedos
entre tus jaguares
que rugen en la noche
ahítos
tras el sustento y el triunfo

este amor está a salvo
en el círculo de tu piel
y en percibir
tu valentía sobre todo lo que es

el temor es mío

figuro tu destreza
para domesticarlo
cuando el silencio muestra
fehaciente
tu cualidad de piedra

descalzos en las esperas sobre la nieve
buscamos abrigo en las rosas
que preceden nuestra historia
y que nos perfuman

¿solo la muerte delimita
esta inmensidad que nos une?

aunque el cuerpo
se encoja ante lo por venir
ante el frío de lo por llegar
somos aún fortaleza
con gloria
que expande su humo y su ardor
en las alcobas

el bosque teje sus caminos
en nuestros silencios
en nuestras decisiones
para reanudar la andadura
hacia los mañanas
y nuestra aura
es refugio de pájaros
perdidos

gozamos de la gracia
nos sabemos ungidos
también en el frío
necesario
para recomponer la humanidad
que nos nomina

nada temeré a pesar de la sombra
que la soledad ciñe
en torno a nuestros cuerpos
ya en declive

me basta levantar la cabeza
mirar
donde los árboles se apiadan
y permiten un círculo de cielo
para que respire
y escape a lo más alto
este amor de nosotros

ÍNDICE